CATALOGUE

DES CURIOSITÉS

QUI COMPOSENT

LE CABINET

DE M. * * *

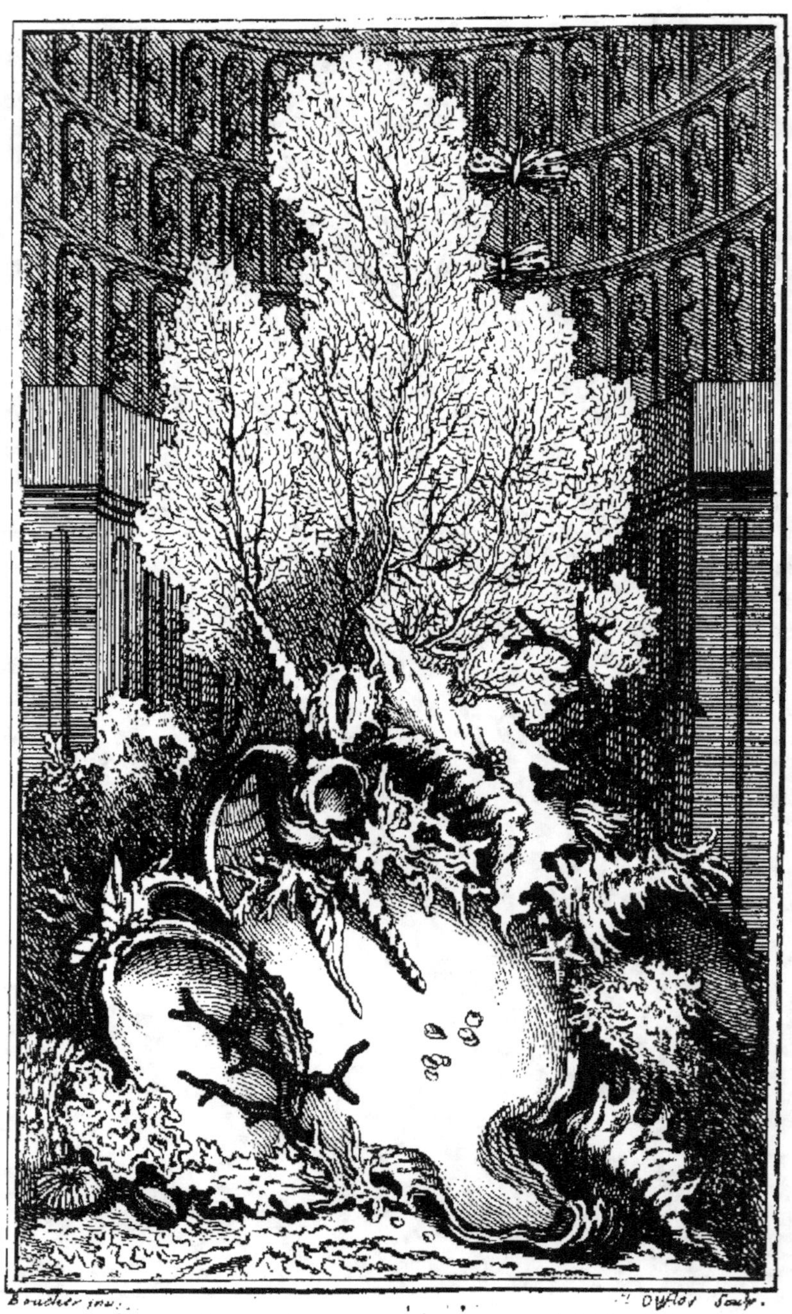
Boucher inv.
Duflos Sculp.

CATALOGUE

D'UNE COLLECTION

DE MINÉRAUX,

Cryſtalliſations, Pierres fines, Pierres gravées, Agates arboriſées & autres; Coquilles univalves & bivalves, Coraux, Madrépores, Papillons, Oiſeaux, Armes anciennes & modernes, Morceaux curieux en or & argent, & autres Objets agréables & intéreſſants.

PAR P. REMY.

Cette Vente commencera le Jeudi 3 Juin 1773, trois heures & demie préciſes de relevée, & jours ſuivants, rue des Saints Peres, proche celle de Taranne.

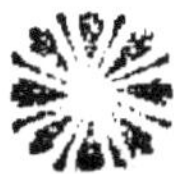

A PARIS,

Et chez MUSIER pere, Libraire, quai des Auguſtins.

M. DCC. LXXIII.

De l'Imprimerie de Didot, rue Pavée, 1773.

AVERTISSEMENT.

Parmi le nombre aſſez conſidérable de Cabinets dont on nous a confié la vente depuis pluſieurs années, nous n'en avons annoncé encore au public aucun qui méritât autant ſon attention, par la multitude des objets que celui-ci renferme.

Il eſt compoſé de ſuites très nombreuſes & faites avec le plus grand ſoin, dans des genres fort difficiles à compléter, que par conséquent peu de gens avoient oſé entreprendre. On y voit, par exemple, une collection d'oiſeaux très étendue & beaucoup de quadrupedes, des crabes, des poiſſons & des

ferpents ; tous ces animaux ont
été préparés avec la plus grande
attention , & ils font pofés dans
des attitudes fi heureufes & fi
vraies , qu'on les croiroit en
vie, tant l'illufion eft grande.

La plus grande partie de ces
animaux a été apportée des
pays étrangers : il y en a qui font
très rares , quelques-uns même
ne fe trouvent que dans ce cabinet. La fuite des infectes n'eft
pas moins digne d'admiration ;
les papillons forment des tableaux charmants par la richeffe
des couleurs & l'art avec lequel
on les a rangés, en diftinguant
cependant les diurnes des pha-
lênes. Les fcarabées, les fauterelles, les araignées, font dans
un ordre méthodique & dans

des cafes féparées. Prefque toute cette fuite eft auffi compofée d'étrangers, parmi lefquels il y a des efpeces très rares.

Les coquilles font auffi en affez grand nombre. On y remarque les différentes efpeces d'*amiraux*, *la grande bécaffe épineufe*, *l'arrofoir*, *la navette*, *la harpe* à ftries ferrées, *la felle polonoife*, *le damier jaune de la Chine*, &c. &c.

Par la defcription que nous allons donner, on fera en état de juger que ce Cabinet contient une très grande quantité de *coraux*, de *madrépores*, de *méandrites*, de *lithophytes* & d'é-ponges.

Nous ne croyons pas qu'il y ait aucun Cabinet, excepté celui du Roi, qui foit plus riche en mines d'*or* & d'*argent* : on y voit auffi l'*étain*, le *cuivre*, le *plomb* & le *fer* minéralifés fous différentes formes; les fpaths & les quartz avec les variétés des cryftaux qui leur font propres; les *agates*, les *cailloux*, les *marbres*, les *albâtres* & même des échantillons de *ftucs dif-férents*, d'un volume affez éten-du & fous des formes agréables. Prefque tous les marbres repré-fentent des volumes *in-*12.

Après tous ces objets des re-gnes animal & minéral, on trouvera une très grande quan-tité de riches armures ou an-ciennes ou étrangeres; beau-coup d'effets précieux, la plu-part chinois, comme des vafes d'argent artiſtement ciſelés, de cuivre, d'agate, de jade, tous d'un travail recherché & d'une grande richeſſe, quelques porcelaines, des lacs, &c. &c.

Enfin nous finiſſons par différents petits modeles de vaiſſeau, de galere, de canons, de bombes, de chariots, & par quelques inſtruments néceſſaires à un cabinet & à l'étude de la phyſique, comme un microſcope, des pierres d'aimant armées, des priſmes, &c.

Par l'expoſition ſuccinte que nous venons de faire, il n'eſt pas douteux que c'eſt avec raiſon que nous avons annoncé ce Cabinet comme un des plus étendus que l'on ait vus depuis long-temps. Chacun pourra y trouver de quoi satisfaire son goût ; & par cette raison nous aurons soin , dans chaque vacation, d'exposer en vente des objets de différente nature.

La feuille indicative des numéros des articles que l'on vendra , depuis le 3 Juin jusqu'au 15 , est à la fin de ce Catalogue.

CATALOGUE

*Des Objets de la Nature & de l'Art, qui compofent la Galerie de M. ***

MINÉRAUX.

Or.

1 DE l'or natif en forme de végétation, fur du quartz du Pérou.

2 Un pareil morceau plus petit.

3 Un très beau & riche morceau de mine d'or.

4 Autre auffi fort riche, en feuille & en forme de mouffe, dans une matrice de fpath.

5 Un très gros morceau de mine d'or en cheveux.

6 Un plus petit morceau auffi en cheveux.

A

7 Un caillou contenant de l'or ; il est sur un pied d'agate monté en argent.

8 Un très riche morceau de mine d'or, sur un pied d'agate.

9 Cinq morceaux de mine d'or dans des quartz de différentes couleurs.

10 Deux autres de Sibérie.

11 Un morceau de quartz chargé d'or.

12 De la poudre d'or de Suisse, avec la terre dans laquelle elle s'est formée, trouvée près de Romain-Mortier.

Argent.

13 Une belle végétation d'argent de Norwege sur son quartz.

14 Une autre belle & très riche végétation sur un spath. Ce morceau & le précédent sont d'une distinction particuliere.

15 Un riche morceau de Potosi ; il est très pesant, & paroît contenir beaucoup d'argent.

16 Deux autres morceaux, dont un en filets.

17 Une végétation en argent, composition chymique.

18 Un beau morceau de mine d'argent de Saxe dans du spath.

19 Autre morceau de mine d'argent.

20 Une ramification tenant à du spath, & une autre sur sa matrice, avec de l'argent en cheveux.

21 De l'argent en cheveux, de l'argent rouge cryſtalliſé, de l'argent gris, & un petit morceau d'argent fondu, le tout dans trois verres de montre.

22 Un très riche morceau de mine d'argent sans mêlange, & très pur.

23 Autre morceau sur matrice de quartz : il mérite conſidération.

24 Un riche morceau d'argent natif dans du quartz.

25 Mine d'argent en lame de Kongſ-berg, & un deſſus de tabatiere d'une plaque, qui contient de l'argent en arboriſation.

26 Un riche morceau de mine d'argent du Potoſi.

27 Un très riche morceau d'argent vierge, dans une matrice de spath, en forme de pyrite ; il eſt cryſtalliſé. Ce morceau eſt fort rare.

28 Une mine d'argent rouge, avec des pyrites, dans du spath.

29 Deux autres morceaux de mine d'argent rouge, cryſtalliſés & tranſparents.

A ij

22. 4 30 Trois autres morceaux d'argent
rouge cryftallifés.

20 12 30 *bis*. Un très beau morceau tout rempli d'argent rouge, fur un quartz
cryftallifé.

8 1 31 Deux autres morceaux, dont un eft
chargé de cryftallifations ferrugi-
neufes.

19 0 32 Un très beau morceau de mine d'argent rouge cryftallifé.

9 2 33 Quatre autres jolis petits morceaux.

18 34 Trois différents autres jolis morceaux de mine.

15 15 35 Deux verres de montre, l'un contient de l'argent en cheveux, & l'autre de la platine.

9 36 Cinq morceaux d'argent gris, dont
un de Sibérie, & un autre cryftallifé
de Sainte-Marie-aux-Mines.

4 3 37 Sept autres.

4 1 38 Quatre morceaux d'argent gris, &
un de cuivre à gorge de pigeon.

Mines de Cuivre.

12 1 39 Un joli petit morceau de mine
foyeufe.

53 2 40 Autre foyeufe contenant du cuivre
& du plomb cryftallifés du Hártz,

dans une cuvette d'agate orientale.

41 Trois morceaux de différentes nuances.

42 Six autres beaux morceaux, quelques-uns portent de la mine de plomb foyeufe, & un renferme du plomb, de l'argent & du cuivre.

43 Cinq beaux morceaux de cuivre, dont un recouvert de fpath cubique, couleur d'émeraude, & un autre garni de quartz cryftallifé.

44 Un très gros & beau morceau de cuivre bleu & verd cryftallifé.

45 Cinq autres morceaux, dont un natif, chargé de petits cryftaux.

46 Cinq morceaux de différentes efpeces.

47 Trois autres, dont un contient des mamelons de mine foyeufe, & des canons de cryftaux jaunes, que l'on croit être de la topaze de Bohême.

48 Six morceaux de différentes mines de cuivre.

48 *bis.* Trois beaux morceaux de mines de cuivre chargées de différents cryftaux.

49 Sept autres, dont un de cuivre natif, en forme de végétation.

A iij

50 Quatre beaux morceaux de cuivre, dont deux gorge de pigeon.

51 Deux autres, dont un mêlé de pyrites.

52 Quatre morceaux, dont deux gorge de pigeon, chargés de cryſtaux cubiques & de ſpath verd.

53 Onze autres, dont un pareil aux deux précédens.

54 Un gros morceau de mine de cuivre, contenant auſſi de l'argent dans du quartz.

55 Un très beau morceau de malachite, poli d'un côté.

56 Une malachite en mamelon.

56 *bis.* Deux plaques ſciées & polies, que l'on nomme *ludus Helmontii.*

Mine de fer.

57 Un très gros morceau de fer à cloiſons remplies de ſtalactiques ferrugineuſes.

58 Un très gros morceau de fer fondu, ou régule de fer. Ce morceau eſt eſtimable en ce que, dans ſa fonte, il s'eſt fait deſſus des chambres qui ſont remplies d'une matiere qui paroît être de la nature de l'amiante.

59 Trois morceaux d'hématite, dont
deux en forme de ſtalactite.

60 Trois autres pareils.

61 Cinq morceaux d'hématite, dont un
monté en argent.

Mine de Plomb.

62. Un beau morceau de plomb verd.

63 Un autre chargé de cryſtaux de
plomb verd.

64 Un très joli morceau de plomb
blanc, à canons cryſtalliſés, & un
autre de plomb verd.

65 Une mine de plomb blanc d'Eſ-
pagne, & une autre de plomb verd,
ſur lequel il paroît qu'on a ajouté
un morceau de *flos ferri*.

66 Un joli morceau de plomb verd en
forme de végétation.

67 Du plomb blanc ſur de la galêne,
du plomb verd de Suede, & un autre
morceau de plomb cubique, chargé
de pyrites & de cryſtaux.

68 Deux morceaux de mine de plomb,
dont un blanc à canons, de Bretagne.

69 Deux autres morceaux de plomb

8   *Minéraux.*

blanc cryſtalliſé, à canons de différentes natures.

7   70 Un gros morceau de mine de plomb
cryſtalliſé en crête de coq.

19   1   71 Deux différents morceaux de mine
de plomb blanc à canons, & un à
aiguilles dans ſon intérieur.

21   10   72 Un morceau de plomb blanc à canons, & un de plomb noir à aiguilles, de Bretagne.

26   73 Deux autres mines de plomb, dont
une en forme de ſtalactite.

23   1   74 Un beau morceau de plomb noir à
canons des mines de Bretagne.

9   75 Quatre autres, dont un palmé, de
Nortinghen.

48   76 Un beau morceau de plomb noir à
canons des mines de Bretagne.

14   77 Un morceau de galêne, & deux
autres de plomb de Poullaouen.

Etain.

18   12   78 Des cryſtaux d'étain noir & blanc,
ſur une druſen de cryſtal de roche.

14   79 Un très beau & riche morceau d'é-
tain cryſtalliſé.

15   8   80 Deux plus petits & jolis morceaux
auſſi d'étain cryſtalliſé.

81 Quatre autres morceaux d’étain, 6 1
dont deux cryſtalliſés.

Demi-métaux.

82 Un beau morceau d’antimoine à 30 1
aiguilles, & un de mercure.
83 Un autre morceau d’antimoine 36
plus petit que le précédent, & un
beau morceau de cinabre cryſtalliſé.
84 De l’antimoine à aiguilles & du ci- 24
nabre chargé de mercure coulant.
85 Deux beaux morceaux de cinabre, 24. 6
dont un riche en mercure coulant.
86 Un morceau de cinabre parſemé de 12
cryſtaux, & deux différentes mines
de mercure.
87 Huit morceaux de cinabre, mercure, 6 2
foufre & plomb.
87 *bis.* De l’orpin & du biſmuth dans 6 1
une caſe de verre.
88 Un morceau de cinabre, deux de 6 5
plomb, un de cobalt & un d’argent.

Pyrites & Marcaſſites.

89 Deux morceaux chargés de pyrites, 6 15
l’un deſquels eſt de cryſtaux de ſpath
cubique & à dents de chien.

A v

32 4   4

90 Trois morceaux pyriteux , l'un de cryftal de quartz , l'autre de fpath feuilleté , & le troifieme de riche couleur venant d'Angleterre.

91 Quatre morceaux pyriteux fur des matieres de différentes natures.

92 Deux morceaux de pyrites & une marcaffite.

93 Quatre autres , dont un fpéculaire.

94 Quatre autres.

95 Une pyrite fciée en deux morceaux, fur lefquels on voit un deffein agréable & régulier en forme d'arborifation.

96 Une boîte remplie de différentes pyrites.

Subftances falines & inflammables.

97 Un gros morceau d'ambre jaune renfermant des infectes.

98 Six morceaux d'ambre jaune ou fuccin.

99 Vingt-deux autres.

100 Deux cafes de verre renfermant trois falieres & un morceau de fel gemme.

101 Une boîte remplie d'amiante.

102 Une autre.

103 Trente - neuf bocaux contenant

différents morceaux d'ambre & de ſuccin, du vitriol, de l'alun, du ſoufre, &c.

104 Des opérations de Chymie dans vingt-cinq bocaux.

Cryſtaux & cryſtallifations.

105 Un gros bloc compoſé de longues aiguilles de cryſtal de roche.

106 Un plus petit morceau auſſi à canons, dont les aiguilles ſont plus tranſparentes.

107 Un bloc de cryſtal de Madagaſcar.

108 Autre bloc de cryſtal tranſparent du même pays.

109 Autre de même cryſtal ſingulier en ce qu'il paroît tout rempli de petits bâtons de différentes couleurs dont il eſt difficile de déterminer la nature.

110 Un morceau de cryſtal dont les canons ſont très tranſparents mais peu prolongés.

111 Un cryſtal à petits canons, & un autre contenant de l'argent & de la pyrite; il eſt remarquable parceque ſes canons ſont couleur de roſe.

112 Un beau morceau de cryſtal de roche à petits canons très tranſpa-rents.

A vj

113 Un autre fort agréable monté ſur un pied de bois.

114 Deux autres dont les canons ſont de différentes groſſeurs.

115 Trois autres, dont un à canons avec des pyrites.

116 Un bloc de cryſtal tranſparent de Madagaſcar, & un autre à canons.

117 Un morceau taillé de forme pyramidale dans lequel on apperçoit différentes iris : un autre cryſtal de Madagaſcar & deux canons de cryſtaux.

118 Douze canons de différents cryſtaux.

119 Deux blocs de cryſtal de roche, dont un à petits canons.

120 Un très beau morceau chargé de cryſtaux de quartz blanc qui ſont ſurmontés de cubes de ſpath violet.

121 Deux morceaux de quartz cryſtalliſés, dont un de couleur verd d'eau.

122 Un très beau morceau de canon de quartz chargé de ſpath cubique couleur de topaze.

123 Un beau morceau de quartz cryſtalliſé avec deux aiguilles de cryſtal de roche réunies enſemble.

124 Un morceau de ſpath, dont les canons cubiques ſont d'un très gros

volume & d'une belle couleur de ſaphir.

125 Trois autres, dont un pareil au premier du numéro précédent.

126 Trois autres morceaux, dont un contient du cuivre gorge de pigeon.

127 Trois différents morceaux, dont un de ſpath cubique à gros cubes couleur de ſaphir, & un autre de quartz cryſtalliſé de couleur jaunâtre.

128 Six petits morceaux de cryſtaux différents, les uns de quartz, les autres de ſpath cubique jaune & bleu.

129 Un joli ſpath feuilleté ſur un quartz cryſtalliſé, & un autre de ſpath cubique bleu chargé de quartz cryſtalliſé de couleur d'ochre.

130 Quatre différents morceaux de quartz & de ſpath.

131 Quatre autres morceaux de quartz cryſtalliſé.

132 Quatre autres.

133 Quatre autres, dont un de prime d'améthyſte.

134 Deux moitiés de géodes remplis de canons d'améthyſte.

135 Un caillou contenant dans ſon intérieur des cryſtaux de prime d'émeraude.

136 Un très beau morceau de ſpath cubique chargé de pyrites, & un autre cryſtalliſé en forme de bouton.

137 Un très agréable morceau de ſpath blanc cryſtalliſé en aiguilles, un autre de quartz cryſtalliſé en blanc ſurmonté de ſpath mameloné couleur de fer, & un troiſieme morceau de quartz & de ſpath cubique ſur une mine de cuivre.

138 Six autres morceaux, dont un chargé de canons de ſpath tronqués à ſix pans.

139 Quatre autres, ſavoir, un chargé de canons tranſparents de ſpath cryſtalliſé à ſix pans & tronqués, deux de ſpath auſſi cryſtalliſé en boutons, & un rempli de ſpath cubique couleur de ſaphir.

Stalactites & incruſtations.

140 Un morceau de *flos ferri* compoſé de gros mamelons & d'une infinité de petits : il eſt d'un volume conſidérable, & d'un très beau blanc.

141 Un autre morceau de même nature en forme de petits bâtons en-
trelacés les uns dans les autres. Ce
morceau, quoique plus petit que le
précédent, eſt encore eſtimable, il
eſt d'une couleur moins blanche.

142 Quatre différents petits morceaux
de *flos ferri* & un ſpath gypſeux.

143 Un très gros morceau de ſtalactite & un autre de gypſe cryſtalliſé.

144 Quatre autres ſtalactites montées
ſur pieds de bois noir.

145 Deux grands morceaux d'incruſtations, dont un de roſeaux.

146 Deux autres, ſur des pieds de bois
noirci.

147 Quatre autres, dont une d'Allemagne & une d'Iſſy.

148 Deux différentes incruſtations de
roſeaux.

148 *bis*. Neuf morceaux de gypſe & de
talc.

Pierres fines.

149 Un diamant blanc & un rubis
violet taillé en pendeloque.

150 Trois diamants, un roſe, un verd
& un jaune.

151 Un saphir à huit pans, sa couleur est riche.

152 Autre saphir de forme ronde & de bonne couleur.

153 Un rubis d'Orient & un spinelle.

154 Une topaze orientale, une petite émeraude, une améthyste & une aigle marine.

155 Six grenats & une améthyste.

156 Un saphir cabochon, un saphir blanc & un péridot.

157 Une topaze, un péridot, & un rubis du Brésil : une topaze d'Inde, un saphir blanc & un péridot.

158 Un saphir, une chrysolite, deux rubis spinelles, deux grenats & deux topazes.

159 Dix petits diamants blancs.

160 Un gros grenat cabochon & chevé, en forme de nacelle.

161 Un morceau d'ambre cabochon dans lequel il y a une mouche, monté en bague d'or à l'antique.

162 Une petite opale, une agate onyx, une chatoyante, & une pierre de lune, montées en or.

163 Six différentes petites chatoyantes & un œil, montés en or.

164 Soixante-huit petites émeraudes,

faphirs , rubis , grenats & chryfo-
lites.

165 Une loupe de fluor & une d'agate
blanche , trois morceaux de cornaline & une agate blanche arborifée
en rouge.

166 Une grande & belle chatoyante ,
deux fardoines en cabochons , une
agate blanche, un œil de chat , & un
morceau de prime d'émeraude.

167 Des opales , des topazes d'Inde ,
des girafols & des jargons , en tout
trente.

168 Un collier de grenat & différentes
pierres.

169 Soixante & deux perles d'Ecoffe &
autres.

170 Quarante-huit matrices de perles
& autres.

171 Six matrices de perles.

172 Des rubis bruts, dans une boîte.

173 Une autre boîte remplie de vermeilles.

174 Des améthyftes , des grenats , des
vermeilles, des yeux de ferpent &
autres pierres , environ quatre-
vingts.

175 Une marcaffite, plufieurs mala-

chites, des turquoises & des pierres de composition, en tout vingt-huit.

176 Vingt-cinq petites turquoises, dont deux montées en or.

177 Cent quatre-vingts cornalines.

178 Dix jolis morceaux de crystaux, dont plusieurs avec accidents agréables.

179 Vingt crystaux.

180 Des crystaux bruns , d'autres blancs , dont plusieurs de Sibérie.

Pierres gravées.

181 L'abondance , figure en pied , gravée en creux sur jaspe verd ovale , monté en or. Hauteur 18 lignes , largeur 13.

182 Une tête de Negre de profil , en bas-relief, de jaspe verd onyx, appliquée sur une plaque de jaspe différent , dans un quadre de bronze.

183 Autre tête *idem* , sans bordure.

184 Huit jaspes & deux onyx gravées en creux.

185 Quarante-six autres gravures en creux sur lapis.

186 Trente-six cornalines , gravées aussi en creux.

187 Trente-six autres.

188 Dix-huit cornalines & agates gravées en creux.

Agates arborisées.

189 Une belle agate arborisée orientale de forme ovale. Hauteur, 12
lignes ; largeur, 10 lignes.

190 Quinze agates arborisées pour être
montées en bagues.

191 Quinze autres.

192 Une très belle plaque d'agate
orientale, chargée d'arborisations ;
elle est arrondie sur les angles, &
porte 31 lignes sur 27.

193 Un petit morceau de quartz, recouvert d'une matiere d'agate d'Allemagne , sur laquelle sont plusieurs
petites arborisations.

194 Quatorze jolies petites plaques
d'agate, dont plusieurs sont herbées
& mouchetées, & une plaque ovale
de sardoine.

195 Une soucoupe de belle sardoine ,
& une petite cuvette.

196 Dix-neuf petites plaques de sardoine & agate, de forme ronde &
ovale.

20   *Agates.*

7 197 Dix-neuf autres.

10 198 Trente-deux autres jolies petites plaques d'agate herbée, ou avec accidents ; elles font rondes & ovales.

9 199 Trente-deux autres.

6 200 Vingt-fept autres de différentes formes, dont deux de fardoine, & une de cornaline.

14 201 Six belles plaques d'agate orientale, dont deux en ovale, propres à faire une tabatiere.

18 202 Huit grandes plaques de fardoine, d'agate rubannée & autres.

7 203 Un très beau morceau de fardoine, deux d'améthyfte, & neuf différentes plaques d'agate.

21 204. Une plaque d'agate rubannée, de 5 pouces 4 lignes fur 3 pouces 3 lignes, & fix autres plus petites.

9 205 Quatre cuvettes d'agate, dont une herbée, deux mortiers, & douze autres morceaux.

4 206 Un petit bloc de belle agate, & & un autre morceau cryftallifé, tous deux polis d'une face.

12 207 Deux autres.

7 208 Trois plus petits morceaux, dont

un rouge rubanné, à filets réguliers
& variés de couleurs vives &
belles.

209 Un pareil morceau d'agate rouge
rubanné, un autre gris, & un jaspe
fleuri.

210 Une tabatiere de belle agate d'Allemagne montée en argent.

211 Une grande plaque de sardoine,
une d'agate crystallisée, & huit autres.

212 Dix-huit différentes petites plaques d'agate, plaquées sur ardoise.

213 Vingt-sept plaques d'agate, sardoine & jaspe.

214 Seize plaques de jaspe.

215 Six morceaux de jaspe rouge, propres à faire une boîte ; une cuvette,
une plaque de jaspe verd , & une
autre orientale.

216 Cinq plaques, & un bloc de
jaspe.

217 Un beau & gros bloc de jaspe verd
poli d'un côté.

218 Quarante morceaux de jaspe &
agate.

219 Quarante quatre petites plaques
de différents jaspes ; elles sont pref-

que toutes de forme ronde & ovale.

220 Seize plaques de boudingues, cailloux de Refne & autres.

221 Huit belles plaques de cailloux d'Egypte.

222 Trente autres, dont plufieurs petites de forme ronde.

223 Dix-fept jafpes, boudingues & agates.

224 Deux fortes plaques de lapis de Sibérie, fciées d'un même morceau.

225 Vingt-fept petites plaques & morceaux de lapis.

226 Un porc en bas-relief, & une petite plaque de jade; quatre morceaux de turquoife, une malachite, un canon de prime d'émeraude, & deux autres morceaux.

227 Deux pyramides de prime d'améthyfte; chacune porte 11 pouces de haut.

Marbres taillés en forme de livres, prefque tous étiquetés en lettres d'or.

228 Six de format *in-12*, en férancolin, gruotte de Canne, antin, bife, fignac & heches.

229 Six autres de campan verd, bleu
turquin, jaune doré, férancolin des
Comtois, maine, gine & baricave.

230 Six autres livres de campan pa-
naché, antin, mont de roche, Portugal & bortdenefte.

231 Huit plus petits livres de breche
violette jaune, agate foncée, du Li-
mofin, & autres.

232 Huit autres de blanc de foft, jaune
d'agate, languiniere, galiformé, ar-
ras, lavedan, violet foncé, cierp &
docforts.

233 Huit autres.

234 Huit de breche d'Alep, carcas,
Roc-buffin, &c.

235 Huit de format *in* 16.

236 Huit autres.

236 *bis.* Huit autres livres.

237 Huit autres.

238 Sept de Portugal, Oxfort, Bour-
bonnois, &c.

239 Onze livres, dont plufieurs de
marbre de Provence & d'Artois.

Plaques de Marbre.

240 Cent quarante plaques de por-

phyre, lapis, ſerpentine, albâtre oriental & autres ; toutes ſont de forme ronde dont le diametre eſt de 2 pouces 9 lignes ; elles ſont étiquetées.

241 Quarante-trois échantillons de marbre, dont le plus grand nombre eſt de France.

242 Trente-quatre autres de différentes formes & grandeurs.

243 Cinq autres.

244 Deux blocs d'albâtre de Provence, chacun porte 6 pouces de long, 5 pouces de large, & 3 pouces 6 lignes d'épaiſſeur : plus, trois plaques d'albâtre.

245 Quarante-ſept plaques de ſtuc imitant parfaitement différents marbres.

246 Deux cents dix-huit échantillons de pierres de différents pays, tous étiquetés ; ils portent chacun 2 pouces en quarré ſur 1 pouce d'épaiſſeur.

247 Deux belles plaques de pierre de Florence repréſentant des ruines : l'une porte 11 pouces 6 lignes ſur 8 pouces,

pouces, l'autre 13 pouces sur 7 pouces 9 lignes.

248 Huit plus petites plaques de Florence & d'Allemagne, dont six sont arborisées.

249 Une très belle plaque arborisée, de forme ovale.

250 Deux autres plaques aussi arborisées.

251 Deux cerfs & deux chiens en pierre de rapport sur deux plaques de Florence.

252 Sept empreintes de poissons, deux sont sur ardoise, les autres sur de la pierre.

253 Six ardoises, dont deux chargées d'arborisations sulfureuses, une d'étoiles & les autres d'empreintes de fougere.

254 Sept autres, dont une chargée de l'empreinte d'un poisson.

Bois pétrifié & agatifié.

255 Dix-huit petites plaques différentes d'un joli choix : presque toutes viennent de Sibérie.

256 Quatorze autres aussi de différentes formes & grandeurs.

B

 Bois pétrifié.

257 Un très beau morceau de bois agatifié & poli ſur toutes ſes faces en
forme de pierre à papier.

258 Quatre autres, polis d'une face,
& un qui ne l'eſt pas.

259 Trois autres beaux morceaux.

260 Trois autres.

261 Trois autres.

262 Deux *idem.*

263 Deux autres.

264 Un fort morceau de bois agatifié
poli d'une face.

265 Pluſieurs autres morceaux pétrifiés.

Coquilles foſſiles & pétrifications.

266 Trois grandes vis & pluſieurs autres foſſiles dans trois boîtes.

267 Une boîte contenant pluſieurs
ourſins de différentes eſpeces, dont
quelques uns ſont agatifiés, & une
eſpece de madrépore nommé cunnolite.

268 Des cornets, des ourſins, des
cœurs, des peignes, des buccins,
des moules & une cunnolite, toutes
pétrifications dans une boîte.

269 Autre boîte dans laquelle ſont des

peignes, des gryphites, des moules,
des vis & des nautiles.

270 Des belemnites, des crabes, des
poulettes, un morceau de palais de
poiſſon, & un morceau du *lapis
lilium referens.*

271 Pluſieurs belemnites & autres coquilles pétrifiées dans trois boîtes.

272 Une grande corne d'Ammon de
quatorze pouces de diametre.

273 Une autre ſciée en deux, dont
une partie des cloiſons ſont vuides
& cryſtalliſées.

274 Une moitié de corne d'Ammon,
un morceau de poulette ſpatheuſe
d'Harfleur en Normandie, & un
nautile pétrifié qui porte encore une
partie de ſa coquille.

275 Une corne d'Ammon en deux par-
ties à cloiſons cryſtalliſées & vuides
en partie, & cinq autres morceaux,
dont un eſt agatifié.

276 Vingt-ſept cornes d'Ammon pétrifiées & métalliſées.

277 Dix morceaux de madrépores,
tuyaux vermiculaires, tubulaires &
aſtroïtes pétrifiées.

278 Neuf autres.

279 Pluſieurs autres pétrifications.

B ij

280 Un arrofoir de 5 pouces de long.

281 Un beau grouppe de *tuyaux vermiculaires* de la Méditerranée, monté fur un pied de bois.

282 Trois beaux *tubes vermiculaires*, trois *dentales* vertes, & huit petites *entales*.

283 Six *lépas*, dont le bonnet de dragon, & l'écaille de tortue, ou le bouclier.

284 Huit autres *lépas*, dont un couleur de rofe ; le bonnet de dragon, & un autre petit chambré peu commun, qui vient des Ifles Malouines.

285 Un petit *feuilleté*, deux *chambrés* d'efpeces différentes, un en forme d'*étoile* d'un volume confidérable pour fon efpece, & quatorze autres *lépas*.

286 Un grand *nautile papyracé* de la Méditerranée, d'un volume prodigieux.

287 Deux *nautiles papyracés* moins grands, l'un des grandes Indes, l'autre de la Méditerranée.

288 Deux autres.

289 Deux *nautiles épais*, l'un dépouillé, & l'autre avec fon épiderme.

290 Deux gros *burgaus* dépouillés, montés sur des pieds de bois.

291 Deux autres plus petits, aussi dépouillés.

292 Un très beau *limaçon* de riche couleur dans l'intérieur, & dépouillé par-dessus avec beaucoup d'art ; on le nomme la riche veuve des grandes Indes.

293 Un *limas noir strié* des Indes, d'un très gros volume pour son espece.

294 Deux autres pareils moins grands.

295 Deux belles *peaux de serpents*, un *burgau* avec sa robe riche en couleur, & un *dauphin*. Ces quatre coquilles font d'un beau volume.

296 Treize *coquilles*, dont un dauphin, un toit chinois, un sabot couleur de rose, &c.

297 Deux *nérites*, le *cordon bleu*, la veuve, & cinq autres limaçons ; plus cinq oreilles.

298 Dix-neuf *coquilles*, dont deux beaux boutons de camisoles de couleurs différentes, un dauphin, un toit chinois, quatre nérites & six lépas.

B iij

299 Deux *sabots*, une *peau de serpent*, & trois autres coquilles.

300 Cinq *buccins terrestres*, de couleurs différentes, tous la bouche tournée à gauche ; on les nomme *uniques*.

301 Dix-neuf autres coquilles d'especes différentes.

302 Trois *buccins* terreſtres rubannés, deux autres fluviatils, quatre marins, dont deux bouches jaunes, un *lépas chambré*, & un autre *lépas*.

303 Un très beau *fuseau à dents*, de 6 pouces 6 lignes de long.

304 Un autre pareil.

305 Un plus petit *fuseau à dents*, de cinq pouces, dont l'espece eſt beaucoup plus rare que ceux des articles précédents ; & quatre autres *fuseaux* à bouches échancrées, dont deux tours de Babel.

306 Deux *fuſeaux* de chacun six pouces.

307 Un grand *fuseau* de 7 pouces 6 lignes, une *mitre* de 5 pouces 3 lignes, & une *tiare* de 4 pouces 3 lignes, riche en couleur.

308 Une *tiare* & une *mitre* en pendants, & deux autres *buccins* en forme de fuſeaux.

309 Une *tiare*, une *mitre*, une *ture-
ténite*, deux figues différentes, &
une *oreille* de la Chine.

310 Douze *vis* d'efpeces différentes,
parmi lefquelles fe trouve un télef-
cope, la vis de preffoir & plufieurs
chenilles.

311 Vingt-trois autres coquilles de
même efpece que celles du numéro
précédent.

312 Deux belles *alênes* chacune de 6
pouces, une *cordeliere*, & un *dragon*
riche en couleur. Ces quatre coquilles font d'un gros volume.

313 Une *alêne* de 6 pouces, une *cordeliere*, le *dragon*, & un *buccin
triangulaire* d'un très gros volume.

314 Six *buccins*, dont deux grimaces.

315 Une belle *conque perfique*, une
autre conque nommée la *licorne*,
deux *buccins* d'un très gros volume
pour leur efpece, & deux groffes
mufcades. Toutes ces coquilles font
d'un beau choix.

316 Trois limas terreftres, favoir, *la
perdrix* & deux *ânes rayés*; plus, *la
fauffe oreille de Midas*, & un *calque*.
Ces cinq coquilles font très belles.

B iv

317 Six *casques* d'especes différentes ;
une *tonne* & un *limaçon.*

318 Une *harpe* à stries serrées, riche
en couleur. Tout le monde sait com-
bien cette coquille est rare.

319 Trois *harpes*, le *turban*, un *casque
pavé*, un *tricotté*, deux *foudres*, une
grimace, une *conque persique* dépouillée, la *fausse oreille de Midas*, un
lépas & un *murex à dents.*

320 Une grosse *pourpre*, dont la bouche est fort évasée & la tête feuilletée. Cette espece est peu commune,
sur-tout de ce volume ; elle vient
des grandes Indes. Un *buccin feuilleté* des isles Malouines ; un autre
du genre des figues, d'un fort volume, & une très grosse *harpe.*

321 La même espece de figue que celle
du numéro précédent, un *tête de
bécasse*, une *massue* de la grosse espece, une autre petite espece de
massue, un *buccin feuilleté* des isles
Malouines, & deux *tulipes.*

322 Une *bécasse épineuse* à grandes
pointes de la rare espece ; elle porte
4 pouces de long.

323 Cinq *pourpres*, dont une patte de

crapeau, une chicorée brûlée, une autre à feuilles brunes, fond blanc.

324 Six belles *pourpres*, dont deux chicorées brûlées.

325 Trois autres *pourpres* d'especes différentes, & cinq *murex*, dont l'aigrette blanche.

326 Dix huit *coquilles* d'especes différentes, parmi lesquelles sont plusieurs pourpres.

327 Quatre grosses *pourpres* à feuilles frisées.

328 Un casque nommé le *turban*, deux aigrettes, deux petits *buccins à clous* & bouches couleur de rose, deux autres *buccins à clous* de forme applatie, & un autre plus gros de couleur jaune, en tout neuf coquilles.

329 Une grosse *chicorée*, deux autres *pourpres triangulaires*, à bouche blanche, bordée de couleur de rose, & un *buccin* de la Méditerranée, recouvert de son épiderme qui est très bien conservé.

330 Deux *araignées*, l'une grande, l'autre petite; deux *mille pattes*, & une *ailée* dont l'espece est peu commune.

B v

2087.18

15 10 331 Un *scorpion*, deux *mille-pieds*, & deux grandes *araignées*.

8. 1 332 Un *scorpion*, quatre *araignées* dif-férentes, plusieurs *ailées*, un *bois veiné* & une *harpe*, en tout onze co-quilles.

46 333 Une *couronne d'Éthiopie*, & une autre *tonne marbrée* d'espece diffé-rente. Ces deux belles coquilles sont d'un gros volume & en pendants.

79 19 334 Deux pareilles coquilles aux pré-cédentes, bien conservées.

15 19 335 Deux autres *idem* plus petites, & deux *buccins* épais.

22 1 336 Une *tonne marbrée*, deux autres d'especes différentes, dont une *per-drix*, plus un *foudre*.

242 337 Une autre espece de *foudre* à tête couronnée, d'un gros volume. Cette coquille est extrêmement rare.

50 338 Trois cornets, savoir l'*amiral* or-dinaire, & deux *vice-amiraux de Rumphius*.

30 339 Un plus petit *amiral* que celui du numéro précédent, & l'*amiral d'O-range*.

126 340 Le *splandium*, riche en couleur, & d'un beau volume.

149 19 341 Cinq jolis cornets, qui sont un

2917 7

damier jaune de la Chine de l'espece
rare, le *drap d'argent*, la *piquure de
mouche*, un *splandium*, & un *cornet*
à taches & bandes jaunes.

342 Une *tine de beurre* d'un très gros
volume, riche en couleur, & dont
les points font réguliérement mar-
qués. Cette coquille est parfaite
dans fon efpece.

343 Une autre *tine de beurre* d'un volume auffi confidérable que celle du
précédent article, une *brunette*, une
écorchée, & un *cornet jaune* fans bandes blanches.

344 Un beau *tigre*, un autre fans bandes jaunes, deux différents *draps
d'or*, & un *damier*.

345 Un *cierge* ou onyx jaune dépouillé,
deux *couronnes impériales*, la *minime*, une *flamboyante*, un *tigre à
bandes jaunes*, l'*aumuce* & un *cornet*
orangé.

346 Un gros *tigre*, deux plus petits à
bandes jaunes, & deux *taffetas*. Ces
cinq coquilles font d'un gros volume.

347 Un *tigre* d'un gros volume, la
fpéculation, une *brunette*, un *damier*,
deux *écorchées* & le *taffetas*.

B vj

60   348 Dix *coquilles*, dont une fauſſe aile de papillon, une minime, deux tigres à bandes jaunes, & autres cornets.

12   349 Dix-huit autres *cornets*, dans le nombre deſquels il ſe trouve un petit damier jaune de la Chine, & une couronne impériale.

72   350 Une navette de 22 lignes de longueur. Cette coquille eſt eſtimable.

1   351 Un *radis papyracé*, deux *bulles d'eau*, trois *argus* & deux *boſſues*.

1   352 Neuf *porcelaines*, dont le lievre, deux œufs, deux crapeaux, la neigeuſe, &c.

48   353 La véritable & la fauſſe *arlequine*, deux *argus*, & douze autres porcelaines.

24   354 Seize *porcelaines*.

36   355 Neuf *olives*, toutes d'un gros volume & d'un très beau choix, & deux *rouleaux*, dont l'omelette.

   356 *Onze* autres coquilles pareilles à celles du n°. précédent.

   357 Deux *porcelaines* nommées géographie, deux *olives* porphyres ou de Panama, & vingt-deux autres *olives*.

   358 Dix *coquilles*, ſavoir, deux con-

ques perſiques , un caſque pavé, une
muſique . un cornet à deſſein jaune ,
deux petits argus , deux buccins , &
une bulle d'eau.

359 Deux groſſes *tonnes cannelées*, un
ſabot chinois d'un gros volume, un
tapis de Perſe , & une *tulipe.*

360 Une *tête de bécaſſe* , une *mitre,*
une belle *tour de Bábel,* deux *tonnes,*
dont une nommée la licorne , &
neuf *limaçons* d'eſpeces différentes,
dont cinq nérites.

361 Deux caſques , dont le turban ,
une tonne cannelée , deux conques,
qui ſont la perſique & la licorne.

362 Sept groſſes *coqui les* , ſavoir, un
caſque , quatre ailées nommées lambis , & deux autres avec des pattes.

363 Cinq *caſques* de deux eſpeces différentes , une *conque de Triton* , &
une *ailée.*

364 Deux *caſques turbans* , & deux
ailées montées ſur des pieds de bois.

365 Deux *tonnes cannelées,* deux *ai-*
lées & deux *conques marines,* dont
une des Indes. Ces ſix coquilles ſont
d'un très gros volume, & montées
ſur des pieds debois.

366 Deux grands *caſques à clous* des

38   *Coquilles univalves.*

Indes, deux *lambis* & deux *conques
de Tritons* des grandes Indes.

367 Quatre *lambis* & deux *casques* d'un
gros volume.

368 Six autres grosses *coquilles*, savoir,
deux casques, dont le tricotté, deux
ailées & deux conques de Tritons.

369 Trois *ailées*, deux *conques de Tritons* & un *casque*.

370 Six autres coquilles.

371 Huit autres grosses coquilles.

372 Un *casque tricotté*, deux *casques
turbans*, & six *conques de Tritons*.

373 Neuf autres coquilles.

374 Un gros *chou*.

375 Quatre *chicorées*, & une autre
pourpre.

376 Deux *burgaus*, dont un dépouillé,
& un *nautile* travaillé, & en partie
dépouillé.

377 Une espece de *tubulaire*, dont la
structure est fort singuliere, & la
coquille paroît être de spath. Cette
espece est peu commune. Un autre
morceau de la même coquille, qui
paroît totalement rempli.

Coquilles bivalves.

378 Le *marteau* ; ses bras ont huit

pouces. Cette coquille a été reſtaurée avec beaucoup d'intelligence.

379 Une grande *mere-perle* dépouillée & polie. Cette coquille eſt de choix.

380 Une grande *pintade*, avec ſon épiderme ; une *gryphite*, & un *crête de coq*.

381 Une autre *pintade*, & une *grande ailée* à bouche épaiſſe, rare.

382 Deux belles *huîtres épineuſes* des Indes ; l'une couleur de lilas à pointes blanches ; l'autre pourpre & rayonnée de blanc, grouppée ſur une moitié de pintade.

383 Un beau grouppe de trois *huîtres épineuſes* des Indes, & un grand *gâteau feuilleté* auſſi des Indes.

384 Trois différentes *huîtres épineuſes* des Indes, dont une attachée à un morceau de madrépore : plus, une *huître* du genre des gryphites auſſi des Indes.

385 Cinq différentes *huîtres épineuſes* des Indes, & une *corne d'abondance*.

386 Deux belles *huîtres épineuſes* ; l'une blanche à tête orangée ; l'autre rayonnée en lilas & roſe, ſur laquelle eſt attaché un *gâteau feuilleté citron* ; une troiſieme petite huître

feuilletée, adhérente à un corail blanc oculé : elles viennent de Saint-Domingue.

387 Deux autres *huîtres épineuses* du même pays, l'une de différentes couleurs rougeâtres, l'autre blanche ayant la tête & les pointes couleur de lilas. Ces deux coquilles font bien conservées.

388 *Cinq huîtres*, dont deux gâteaux feuilletés de Saint-Domingue, & un *cœur épineux* du même pays.

389 Six coquilles pareilles aux précédentes.

390 Onze *huîtres* de Saint-Domingue.

391 Huit autres.

392 Des huîtres épineuses, & des huîtres feuilletées, en tout *onze*.

393 Une jolie *felle polonoife*.

394 Deux belles *foles* de différentes couleurs ; elles font d'un grand volume, & viennent des Indes.

395 Une autre *fole*, une *felle polonoife*, dont les Chinois fe fervent pour faire des vitres ; un très grand *peigne du Nord* de couleur orangée. Cette coquille n'eft pas commune.

396 Une pareille *fole*, un *bénitier*, & un autre *peigne* que l'on nomme *fole de Saint Domingue*.

397 Un très beau *manteau ducal* d'un grand volume , & un autre *peigne* de la Méditerranée peu commun.

398 Deux autres *manteaux ducaux* en pendants , & un plus petit , fond blanc , à grandes taches noires , dont l'espece est peu commune.

399 Six *peignes* d'especes différentes , dont un bombé des deux côtés , couleur de cramoisi.

400 Vingt-un *peignes* d'especes diffé-rentes.

401 Une *coralloïde* , une *tuilée* , & un *chou* riche en couleur.

402 Trois autres coquilles des mêmes especes que les précédentes , & d'un volume plus considérable.

403 Une *tuilée* & un *chou.*

404 Deux pareilles coquilles d'un plus gros volume.

405 Deux autres *idem.*

406 Une belle corbeille , & une tui-lée ou guillochée.

407 Une autre *corbeille* , un *cœur tui-lé* , deux autres *cœurs* d'especes dif-férentes , & une *came* d'un gros vo-lume pour son espece.

408 Douze *huîtres* de Saint-Domingue, dont dix gâteaux feuilletés de diffé-rentes couleurs.

409 Deux *cœurs épineux* de la Méditerranée, deux autres à tête volutée
nommés cœur de bœuf, & un cin-
quieme aussi de la Méditerranée.

410 Treize *coquilles*, dont une écri-
ture chinoise, deux cames polies
& plusieurs cœurs.

411 Deux soleils levants, une belle
moule d'eau douce polie, une frai-
se, une arche de Noé & plusieurs
autres cœurs, en tout dix *coquilles*.

412 Dix-huit autres *cames, tellines
& cœurs.*

413 Trois poulettes, dont deux des
Isles Malouines, & plusieurs cœurs
d'especes différentes, en tout quinze
coquilles.

414 Trois autres *poulettes*, une *moule*
de *Magellan*, une d'*Alger*, trois autres aussi de la Méditerranée, une
langue de serpent, & quatre autres
coquilles, en tout treize.

415 Deux *cœurs* de *Vénus*, trois *poulettes* d'especes différentes, quatre
moules, une *came triangulaire* &
une *phol de* de St. Domingue.

416 Un cœur épineux de la Méditerranée, cinq autres d'especes différentes, un *concha Veneris* épineux &

plufieurs tellines, en tout vingt *coquilles.*

417 Une grande *tuilée* de la même
efpece que celles qui fervent de bénitier dans l'Eglife de St. Sulpice, elle
a 15 pouces de large : fes deux
valves font fur des pieds de terre
cuite.

418 La même coquille plus petite.

419 Une autre.

420 Une autre.

421 Une autre.

422 Trois *pinnes marines* ou jambonneaux bivalves.

423 Trois autres jambonneaux, dont
un papyracé.

424 Des femences de coquilles dans
quatre-vingt trois verres de montre.

425 Différentes coquilles univalves &
bivalves que l'on détaillera.

Ourfins & Etoiles de mer.

426 Un grand *ourfin* à bâtons triangulaires & pointus, de l'Isle de Bourbon ; il eft dans une cafe de verre.

427 Un autre de même efpece, auffi
dans une cafe de verre.

428 L'*ourfin* à gros bâtons onyx, des

grandes Indes, dans une caſe de verre.

18 429 Un *ourſin* violet en forme d'artichaut, du Cap de Bonne-Eſpérance, ſix autres *ourſins* plats percés de cinq à ſix trous, & le *pied de poulain.*

430 Une belle & grande *étoile épineuſe,* dont l'eſpece eſt fort rare. M. de Bougainville nous l'a apportée dans ſon dernier voyage, elle n'étoit pas connue auparavant.

18 431 Une *tête de Méduſe,* dans une caſe de verre.

432 Autre *tête de Méduſe,* des mers du Nord. Celle-ci eſt rare.

433 Des *ourſins* & des *étoiles* de mer que l'on diviſera.

Polypiers.

434 Une grande branche de *corail rouge,* dépouillé de ſon écorce, de 10 pouces 6 lignes de hauteur, ſur 10 de largeur.

48 435 Une autre moins conſidérable.

14 436 Autre branche de *corail rouge* dépouillé & poli, ſa couleur eſt moins vive que celle des précédentes.

48 437 Un joli morceau en forme de buiſ-

ſon de *corail rouge* très vif en couleur, adhérent à un morceau de rocher.

438 Trois autres branches de même *corail.*

439 Une autre jolie branche garnie de ſon écorce & ſur laquelle on apperçoit toutes les petites loges des polypiers.

440 Autre *idem* ſur ſon rocher.

440 *bis.* Des naiſſances de *corail rouge* ſur deux cailloux, & pluſieurs autres morceaux de même *corail.*

441 Un beau buiſſon de *corail oculé blanc* de la Méditerranée, ſur un pied de bois.

442 Un autre plus petit.

443 Pluſieurs branches de *corail oculé blanc* de St. Domingue, ſur leſquelles ſont adhérents des gâteaux feuilletés & autres huîtres de différentes couleurs, montées ſur un pied de bois.

444 Un plus petit buiſſon de même *corail oculé* garni également de coquilles.

445 Deux branches de pareil *corail.*

446 Deux autres.

447 Une très belle branche de *corail articulé*, montée ſur un pied de bois.

448 Une autre.

449 Deux plus petites de même nature, sur des pieds de bois.

450 Une grosse branche de *corail oculé*
jaune de la Méditerranée.

451 Une autre de même espece.

452 Une autre.

453 & 454 Une autre *idem* & un madrépore nommé *corne de cerf.*

455 Un très beau *madrépore* nommé
épi de bled : il est d'un beau blanc &
bien conservé, sur un pied de bois.

456 Un autre de même espece.

457 Un pareil *madrépore.*

458 Un *madrépore* en épi de bled, &
un *mille-pores* en forme de feuille.

459 Deux *madrépores* différents.

460 Deux autres.

461 Un autre pareil & un monceau
de tuyaux vermiculaires.

462 Deux *madrépores.*

463 Un *madrépore* à épis de bled, & un
nommé *amaranthe*, sur des pieds de
bois.

464 Deux autres plus petits.

465 Un *madrépore* à feuilles & un à
épis de bled.

466 Un autre & un à gerbe de bled.

467 Deux autres *madrépores*, très
agréables.

468 Un *madrépore* nommé corne de
cerf, & un autre.

469 Deux *madrepores* gris à épis de
bled.

470 Deux autres beaux *madrépores*,
dont l'amaranthe.

471 Deux autres.

472 Un beau & grand *madrépore* amaranthe à large feuille, fur un pied de
bois.

473 Un autre amaranthe.

474 Trois *madrépores*, l'œillet, le
plantain & l'épi de bled.

475 Trois autres des mêmes efpeces.

476 Trois autres.

477 Un *madrépore* amaranthe en forme
d'if, un autre en forme de gui, & un
troifieme en feuilles de chou papyracé.

478 Un joli *madrépore* en buiffon, un
autre à œillet, & un feuillé de rare
efpece.

479 Un beau *madrépore* à œillets, de
rare efpece.

480 Un *madrépore* bleu de l'isle de
Bourbon ; cette efpece eft peu commune & n'eft connue que depuis
très peu de temps.

481 Un très beau *madrépore* à larges feuilles, rangées très agréablement par la nature & repréfentant la forme d'un chou ; il eft monté fur une *méandrite* ou cerveau marin, & pofé fur un pied de bois.

482 Un beau *madrépore* mille-doigts, dans lequel il y a un aftroïte.

483 Trois *madrépores*, dont un amaranthe & un chou-fleur.

484 Un *mille-doigts* & un autre madrépore jaune.

485 Un *madrépore* du char de Neptune.

486 Deux autres, l'amaranthe & le mille-doigts.

487 Deux autres plus confidérables, dont un à mille doigts.

488 Trois autres *madrépores*.

489 Un *mille-pore* à très grandes feuilles, de St. Domingue.

490 Deux autres.

491 Un *madrépore* de la petite efpece chargé de plufieurs autres madrépores.

492 Un autre blanc d'un grand volume, fa forme eft ronde, fur un pied de bois.

493 Autre de même efpece & grandeur.

494

494 Un autre de forme différente. 4 11

495 Un *tubipore* de la même espece du précédent, sa forme est en éventail. 17 10

496 Un autre, dont le diametre est de 13 pouces. 40 1

497 Autre *tubipore* d'espece différente. 26 2

498 Un autre de forme alongée. 21 1

499 Un autre moins grand que le précédent. 20 2

500 Un autre *tubipore* moins blanc que le précédent, il est en forme d'éventail. 15 1

501 Un grand *tubipore* gris de même forme; il porte 18 pouces de haut sur 16 pouces. 51

502 Un autre jaunâtre moins grand que le précédent, il est très agréable. 28 19

503 Un *idem* en forme d'éventail. 12 19

504 Autre en forme d'if. 12 1

505 Un grand *tubipore* en éventail. 40

506 Trois différents *tubipores*, dont un sur son rocher chargé d'une astroïte. 10 10

507 Un grand *champignon de mer* connu sous le nom de *grande limace*. 48 19

508 Un autre approchant du même volume du précédent. 22

509 Une petite *limace* & deux *cham*- 16

C

pignons de mer, dont un de forme
applatie.

510 Un *méandrie* nommé cerveau-
marin, & une belle *astroïte.*

511 Deux *cerveaux-marins* différents,
& un *champignon de mer.*

512 Un *cerveau-marin* avec une pana-
che dessus : ce morceau a la forme
d'un bonnet.

513 Un gros *cerveau marin*, monté sur
un pied de bois.

514 Un plus petit & d'espece différente.

515 Un gros *cerveau marin*, en forme
de buste, sur un pied de bois.

516 Un *méandrite.*

517 Un autre *méandrite.*

518 Un plus grand *méandrite* de forme
plate.

519 Un beau *méandrite* d'un gros volume.

520 Une très belle *astroïte.*

521 Un *millepores* en forme de cornet,
& un *madrépore* en épi de bled.

522 Un *lithophyte rouge,* que l'on nomme ordinairement corail rouge articulé, & trois autres branches de
lithophyte, appellé corail noir.

523 Un beau bouquet de petites *coral-*

loïdes de couleur violette, adhérents à un madrépore.

524 Plusieurs petites *coralloïdes*, de
différentes couleurs, & autres morceaux, en tout dix.

525 Dix autres.

526 Une grande *manchette de Neptune*
de la Méditerranée.

527 Cinq *lithophytes*, dont plusieurs
chargés de madrépores, de glands
de mer, & d'incrustations pier-
reuses.

528 Quatre autres, dont deux pana-
ches de mer, l'un a pour base un
cerveau marin.

529 Deux autres *lithophytes*.

530 Une éponge de plus d'un pied
d'étendue ; elle est singuliere en ce
qu'elle est composée d'une infinité
de tuyaux.

531 Une autre qui paroît approcher
de la même nature que la précédente, & trois autres, dont une en
forme de cornet.

532 Une *éponge blanche*, dont le tissu
paroît très fin, & les branches forment un grouppe agréable : elle
vient des grandes Indes.

533 Une autre de même nature, grouppée sur un madépore ; & une de forme pyramidale creusée dans son intérieur.

534 Six autres d'especes différentes.

535 Six à tuyaux d'un grand volume.

536 Six *idem.*

537 Une très grande *alcionium* de 15 à 16 pouces de hauteur, sur 12 de largeur.

Animaux, Oiseaux & Insectes.

538 Des poissons, des crabes terrestres & marins, des serpents, des lézards, &c. tous desséchés avec beaucoup d'adresse. Nombre de ces animaux sont rares & bien conservés; ils sont renfermés dans une armoire, & seront divisés lors de la vente.

539 Un *poisson scie*, d'environ 11 pieds de long.

540 Un autre, & un *poisson armé.*

541 Trois autres poissons.

542 Un *esturgeon* & un grand *crocodile.*

543 Un petit *crocodile*, & le *lézard fouetteur.*

544 Le *ferpent impérial* mâle, avec fa
femelle.

545 Une grande *tortue de mer*.

546 Une *peau de ferpent* de Cayenne,
de 22 pieds de long.

547 Deux peaux de ferpents tigrées.

548 Soixante bocaux contenant dans
l'efprit de vin des poiffons, des ferpents, des lézards, des infectes, &
quelques quadrupedes : ils feront
divifés par lots lors de la vente.

549 Douze cafes chacune de 21 pouces
en quarré, dont fix contiennent fous
verre une très riche collection de
papillons de jour & de nuit, prefque
tous étrangers ; les fix autres renfer-
ment des fcarabées, des fauterelles,
des mouches, des araignées, &c.
Prefque tous ces animaux font auffi
des pays étrangers, & il y en a de
très rares dans chacune defdites
cafes : elles feront vendues féparé-
ment, ou peut-être en un feul article.

550 Différents papillons fous verre &
bordure dorée.

551 Les différentes progreffions des
vers à foie, fous verre & bordure
dorée.

C iij

552 Plusieurs insectes sous des cases de
verre.

553 Une suite de papillons de différentes especes, dont plusieurs peu
communs, dans une case de verre
supportée par quatre pieds.

Oiseaux.

554 Un canard sauvage mâle, & sa femelle, & un canard huppé.

555 Le canard à longue queue mâle,
& deux autres, dont le tadorne.

556 Le petit morillon huppé, la sou-
chelle mâle & la macreuse noire.

557 Quatre autres canards, qui sont,
le chipeau mâle, le garot mâle & sa
femelle, & le siffleur mâle.

558 Le canard éder mâle; une cane
d'Egypte & un canard de Sibérie.

559 Le canard marionnette ou sarcelle
de la Louisiane, une sarcelle & une
jeune cane de Barbarie.

560 Un très beau canard du Nord.

561 Le harle huppé mâle & femelle.

561 *bis.* Le harle ou pietre mâle & sa
femelle, & le morillon femelle.

562 Un albarros ou grand harle.

563 Le pélican de Saint-Domingue.

564 Un autre pélican ; il vient d'E-
gypte.

565 Le cormoran des Indes mâle &
sa femelle.

566 Deux plongeons, dont celui d'Islande.

567 Un plongeon d'Islande, beaucoup
plus fort que celui du précédent article.

568 Une oie d'Egygte, & une cane de
Barbarie.

569 Le fol de bassan, mâle & femelle.

570 Une oie de Magellan, & le pietre
mâle.

571 Une oie du Canada.

572 Une grue.

573 Une autre grue.

574 Un albarros ou mouton du cap de
Bonne-Espérance.

575 Le goueland mâle, & le même oiseau femelle.

576 Deux autres *idem* plus petits, dont
le cendré.

577 Le paille en-cul mâle, & le même
animal femelle.

578 Un autre paille en-cul, & le guil-
lemot.

C iv

579 Un goueland cendré, & une
　　mouette mâle.

580 Un bihorreau, & un aubinga de
　　Cayenne.

581 Le pingoin mâle, & le pingoin
　　femelle.

582 Le mouette vieux, & un mouette
　　cendré.

583 Une pétrelle & un ftercoraire.

584 Deux favacous.

585 Une macreufe, & un bec en ci-
　　feau.

586 Un goueland de Cayenne.

587 Une mouette rieufe, à pattes &
　　bec rouges, & une autre mouette.

588 La colombe de Groenlande, & le
　　ftercoraire du banc de Terre-Neuve.

589 Quatre diférentes hirondelles, &
　　un oifeau de Cayenne.

590 Une barge rouffe, une grande
　　barge grife, une grande brune & un
　　chevalier aux pieds rouges.

591 Deux barges différentes & un van-
　　neau de Suiffe.

592 Un pluvier de St. Domingue, un
　　autre à collier, & un pluvier doré.

593 Une perdrix de mer, un gui-
　　gnard, un maubeche & un coureur.

594 Pétrelle des grandes Indes, un coulon chaud, une rasle de St. Domingue & un cul-blanc.

595 Le courlis de terre, le courlieu, un vanneau & la pie de mer.

596 Une bécasse, une bécassine, un bécasseau, une alouette de mer, le chevalier, & deux canes-petieres, l'une mâle, l'autre femelle.

597 Deux échasses de l'Amérique & une avocette, un vanneau gris & quatre paons de mer de deux especes différentes.

598 Cinq différentes poules d'eau, dont une de Cayenne, plus un rasle de genêt.

599 La poule d'eau de Cayenne, la poule sultane de Madagascar, autre poule sultane, un rasle de Madagascar, un rasle d'eau & un autre oiseau.

600 Rousselle de l'isle de France ou chauve-souris.

601 Le paon mâle & le paon femelle.

602 Une outarde.

603 Le chamant de Cayenne.

604 Le flamand de St. Domingue.

605 L'anima de Cayenne.

C v

606 La spatule couleur de rose & la spatule blanche.

607 Le courlieu de Cayenne, le courlis de France & le courlis brun d'Italie.

608 Le courlis du Bresil.

609 Le même oiseau dans le jeune âge.

610 Le caffique huppé & le même oiseau olivâtre.

611 Le caffique marbré, deux différents autres caffiques à ailes jaunes, un autre à queue rouge, & le carouge du Mexique.

612 Trois différents troupials, le rouge-gorge de la Louifiane, le loriot mâle & le caffique à ailes jaunes.

613 Deux troupials, une bergeronette, une rouflerole, & deux crapauds volants, l'un de Cayenne & l'autre de France.

614 Le rouge-gorge mâle de la Louifiane, & le cotinga des Maines.

615 Le cul blanc d'Italie, le roffignol de muraille, le gorge-bleue, le roffignol, l'hirondelle de Cayenne, le martinet, une alouette des bois & un verdier.

616 La huppe ou put-put, le geai, le caffe-noix, le choucas des Alpes,

une grosse grive, le maître & une grosse mésange charbonniere.

617 Une pie, deux sansonnets, l'un mâle & l'autre femelle, une grive de vigne, un choucas des Alpes, un autre choucas & le cornillard.

618 Le corbeau de Cayenne & la corneille moissonneuse.

619 Le cotinga à gorge violette, le pareil oiseau femelle de Surinam & le gobe-mouches à longue queue.

620 Deux oiseaux de même espece, l'un de Surinam & l'autre du Bresil.

621 Trois différents cotingas.

622 Le cotinga rouge mâle de Surinam, & le pourpré.

623 Le cotinga de Cayenne, & deux différents gobe-mouches du même endroit.

624 Le geai du Canada, celui de Sibérie & le rollier de Strasbourg.

625 Le rollier de Madagascar & le couroucoucou noir.

626 Une pie bleue de Madagascar, la pie grieche, celle d'Italie, celle du Sénégal & celle de Cayenne, le jaseur de Bohême.

627 Deux écorcheurs différents, une

C vj

groſſe grive, le ſanſonnet de Magellan & quatre méſanges, dont celle
à longue queue, & la barbue.

628 Un romerand du cap de Bonne-
Eſpérance, le gobe mouches à longue queue, un bengaly, la veuve à
queue de ſoie, & un friquet.

629 Cinq pies, dont deux de Cayenne,
& deux aiſles dorées.

630 Deux pies différentes de Cayenne
& deux charpentiers.

631 Six autres, dont trois de Cayenne.

632 Quatre jacamars différents, dont
un de Cayenne, & deux barbus
auſſi de Cayenne.

633 Deux couroucoucous de St. Domingue, & un barbu de Cayenne.

634 Un couroucoucou de St Domingue, & un martin pêcheur du Cap
de Bonne-Eſpérance.

635 Deux martins pêcheurs différents,
dont un à longue queue de Cenau.

636 Deux martins pêcheurs, dont un
des grandes Indes, un du Sénégal,
& un de Cayenne.

637 Trois autres, & un guêpier de
l'Iſle de France.

638 Deux momots de Cayenne, & un
calao.

639 Un martin pêcheur, & le cardinal
de Madagascar.

640 Un cardinal & quatre tangaras,
dont le picquelle, un à ventre jaune,
& un à tête verte.

641 Six merles, dont un à longue
queue, du Sénégal, un de Cayenne,
& un de Saint-Domingue.

642 Six autres merles du Sénégal, de
Cayenne, de l'Isle de France.

643 Le tyran, le pique-bœuf, le palmyre, un coq de roche, & un tangara pourpre.

644 Une bergeronette de Cayenne,
un chardonneret, un serin, quatre
alouettes & deux pierrots.

645 Une fauvette babillarde, deux
autres poules ou soucis, la grisette,
le bec-figue, le gorge-rouge, & le
gorge bleue; tous ces oiseaux sont
perchés sur un arbre.

646 Autre arbre sur lequel sont trois
colibris différents, sept grimpereaux, quatre oiseaux mouches, le
petit tangara brun, & le figuier du
Canada.

647 Autre figuier du Canada, celui à
barbe blanche de la Louisiane, & un
autre de Saint-Domingue; le moi-

neau de Bengale, deux piverts, la poule au souci, le roitelet, & le gros bec cendré de la Chine.

648 Neuf manakins, un tangara, un taudier, & un oiseau mouche.

649 Le couliou de Sibérie, le pape-mâle, neuf tangaras, dont un de Cayenne, un de la Louisiane, l'évêque mâle & sa femelle, l'oiseau paille du Brésil, le tarin de la nouvelle Yorck, & deux oiseaux mouches de Cayenne ; ces vingt oiseaux sont aussi perchés sur un arbrisseau.

650 Dix-neuf, tant colibris qu'oiseaux-mouches.

651 Un tangara du Brésil, un autre de Cayenne, le moineau de la Caroline, plusieurs gros becs, dont celui du Cape de Bonne Espérance, le cardinal d'Amérique, &c. en tout vingt-un.

652 Cinq colibris & six oiseaux-mouches, dont un dans son nid.

653 Un cardinal du Canada, le pape, ou perdico de Cayenne, un moineau du même pays, un mia de la Chine, un grenadier, &c. en tout vingt.

654 Un pipi bleu, un autre du Brésil,

le figuier de Cayenne, ceux de Saint-
Domingue & du Canada , & différents grimpereaux , en tout vingt.

655 Seize autres oifeaux , dont le
cardinal huppé , le cadinal domini-
cain , un gros bec , des Moluques ;
le pareil oifeau cendré de la Chine ,
celui du Cap de Bonne Efpérance ,
le couliou huppé du Sénégal.

656 La veuve , & une perruche bleue
de l'Ifle de Téti.

657 Un manakin huppé , le manakin
de l'Ifle Efpagnole , un moineau de
paradis , un taudier , & deux oi-
feaux-mouches.

658 Le roi des oifeaux de paradis.

658 *bis.* Un *manucodiata* , vulgairement oifeau de paradis ; il vient des
Moluques dans la mer des Indes ; il
eft dans une cafe de verre.

659 Une pie grieche de Cayenne , le
moineau turc , & une petite perruche du Cap de Bonne-Efpérance.

660 Deux gobe-mouches , l'un du Sénégal, l'autre de Cayenne, un torche-
pot des grandes Indes , & un autre
de même efpece , le coucou de
Cayenne, & un de Saint-Domingue.

661 Deux coucous, l'un de Cayenne, l'autre de Saint-Domingue.

662 Un coucou de Madagascar, le gobe-mouches de Saint Domingue, & le chirurgien.

663 Deux rhinocéros, l'un mâle & l'autre femelle.

664 Deux toucans de Cayenne.

665 Deux autres à collier, & deux avacars de Cayenne.

666 Un toucan à gorge jaune, & un autre du Brésil.

667 Un aras rouge, & un autre bleu.

668 Deux cataques.

669 Un lory des grandes Indes, & un des Moluques.

670 Un grand lory.

671 Une perruche & un lory d'Amboisne, & un autre lory.

672 Un mascarin.

673 Un petit lory, une perruche des Philippines, & un perroquet de Cayenne.

674 Trois autres perroquets, savoir, un de la Chine, un d'Afrique, & un de la Martinique.

675 Un grand perroquet verd de Cayen-

ne, & une perruche de Madagafcar.

676 Une perruche à collier , & une
autre des Moluques.

677 Une perruche à gorge rouge, &
deux moineaux du Bréfil , mâle &
femelle , grouppés enfemble.

678 Deux petites perruches des Ifles
Philippines, une de Cayenne , une
perruche illinoife , & une autre à
gorge jaune.

679 Cinq pigeons , favoir , le picart,
le ramier , la cravate , le coquet, &
le cavalier ; plus, deux tourterelles,
l'une blanche , & l'autre des bois.

680 Un pigeon de Madagafcar, & deux
autres , un ortolan femelle des
Indes , & trois tourterelles, dont
une des Indes , & une de Saint-Domingue.

681 Une pintade & une perdrix de
Cayenne.

682 Un beau faifand couronné des
Indes.

683 Le faifand doré varié , ou le char-
bonnier.

684 Le faifand doré, mâle, de la Chine.

685 Un faifand tartare blanc , nommé
vulgairement le faifand argenté.

4   5   686 Deux autres faifands tartares.

2   8   687 Un faifand blanc femelle, & deux
        autres.

        688 Deux cailles, dont une des terres
        magellaniques, & une petite géli-
        note des Pyrénées.

3   2   689 Un hoco de la Guiane, & un mo-
        rail de Cayenne.

3   2   690 Quatre perdrix, dont une de Ba-
        rege.

8   1   691 Un faifand de montagne, mâle, &
        un femelle à queue fourchue.

4   2   692 Deux perdrix blanches, & une
        autre de Sibérie, toutes en habit
        d'hiver, & deux gélinotes, l'une de
        Sibérie, l'autre des Alpes.

5   693 Le coq des bruyeres, mâle & fe-
        melle.

11 12 694 Deux pintades, l'une blanche,
        l'autre grife.

7   695 Un dindon de la belle efpece.

        696 Une poule cendrée, huppée, une
        jaune panachée, & une de foie du
        Japon.

4   2   697 Un coq autruche paille, une poule
        brune à huppe blanche, & une jaune
        à cravate, huppée.

4   698 Le coq nain & la poule noire maf-
        quée, col cigne.

699 Poule fauve & six petits poussins.

700 Quatre hérons , dont deux de Cayenne , mâle & femelle.

701 Deux crobiers de Saint Domingue, l'aigrette grise , de Cayenne, & l'honoré.

702 Le héron blanc, & une grande aigrette blanche.

703 Une autre aigrette plus petite que celle de l'article précédent , & le héron de Mahon.

704 Le butor.

705 Un héron de Cayenne, & un autre pourpré.

706 Un grand aigle de mer.

707 L'aigle royal.

708 Le petit aigle de mer , & un autour.

709 Le vautour des Alpes.

710 Celui nommé le roi des couromous.

711 Un gros busard & une buse.

712 Le vautour noir de Cayenne, & un autre.

713 Deux faucons, dont un à collier.

714 Le passager , & un autre faucon.

715 Le gerfaut du Nord , & un autre.

716 Un plus petit gerfaut du Nord & jean le blanc.

717 Un aubreau de Cayenne ; un émouchet, un petit gerfaut, & une cresserelle mâle.

718 Un gros épervier de Cayenne, & deux autres éperviers, & des alouettes.

719 Le grand duc.

720 Le duc de Magellan, & le moyen duc.

721 Le petit duc & la grande chouette.

722 Un chat huant & un hibou.

723 Un beau cygne.

724 Un autre cygne.

725 Le manchol de Magellan.

726 Autre manchol des mers du Nord.

727 Un manchol & un grebe à gorge brune.

728 Un manchol huppé & une grebe.

729 Deux grebes, dont une huppée ; & deux grisardes.

730 Une armoire dans laquelle sont renfermés des oiseaux de différents pays, qui seront divisés.

731 Dix œufs d'autruche, & plusieurs autres œufs.

Quadrupedes.

732 Un lynx du Canada.

733 Un petit fourmillier, & un écureuil du Canada.

734 L'écureuil volant, l'écureuil suisse
& une hermine grise.

735 La chamboise, très rare.

736 La chevaline ou bête puante.

737 Le paresseux.

738 Le ouistity du Mexique, & un
tamarin.

739 Le singe capucin, & le sagouin.

740 Un singe combattant un chat.

741 Le grand sapajou, & une guenon
de l'Amérique.

742 Un singe roux d'Afrique, un à
corps doré, & un troisieme.

743 Un gros singe nommé le ramon-
neur, & une petite guenon.

744 Le singe lion.

745 Un petit zebre.

746 Un hérisson & un porc-épic.

747 Deux chats tigrés des grandes
Indes.

748 Le carcecal.

749 Le tama noir ou grand fourmillier.

750 Un tatouer de terre, & un autre
amphibie.

751 Un faon de chevreuil du Gange.

752 Un bouquetin.

753 Une espece de biche.

754 Le tigre ou veau marin.

755 Une tête de bouquetin.

756 Une tête de bouquetin, & celle d'un condamar.

757 Une tête de marsouin, & une corne de rhinocéros.

758 Une corne du poisson narwal, de 7 pieds 10 pouces de longueur.

759 Une autre corne d'un pareil poisson, de 6 pieds 8 pouces de longueur.

760 Autre de 5 pieds 4 pouces.

761 Un priape de baleine de 6 pieds de long, & les vertebres d'un poisson ou d'un serpent.

762 Un caméléon & une tête de perdrix dont le bec est singulier, dans une case de verre; un grand lézard goîtreux de Cayenne.

763 Un morceau d'anatomie représentant les veines & les arteres injectées, colorées de rouge & de bleu.

764 Le squelette d'un phocas ou veau marin, & les intestins du même animal injectés.

Armes étrangeres & françoises, anciennes & modernes.

765 Un sabre indien, à garde de cuivre, sur laquelle sont cifelés des ornements & des figures ; plus, un poignard à manche de corne de cerf, tous deux dans un seul fourreau.

766 Deux sabres indiens, accouplés dans un fourreau de rouffette garni de cuivre.

767 Une épée indienne dans son fourreau garni de cuivre, orné d'un lézard en relief.

768 Un sabre dont la lame est de Damas, à poignée de jade, garnie en argent doré, & enrichie de pierres fines, dans un fourreau de chagrin aussi garni en argent doré, & orné de plusieurs pierres fines.

769 Un autre sabre à lame de Damas, la garde & la poignée sont en acier.

770 Un sabre du temps de François I, la garde est d'une forme singuliere.

771 Une longue épée, sa garde est de vermeil ; elle est dans un fourreau de velours rouge.

772 Deux sabres différents, dont un a sa poignée garnie d'ivoire.

773 Un poignard indien qui a son fourreau garni en argent : plus, un crit des Macassarts.

774 Un crit pareil au précédent, & un poignard dont le fourreau est aussi garni en argent.

775 Un poignard indien, la lame est triangulaire, dans un fourreau de velours ; & un autre dont la lame ressemble à une longue aiguille d'acier.

776 Un poignard à manche d'ivoire bruni, & un autre.

777 Un poignard à quatre faces, damasquiné en or ; la poignée l'est en argent.

778 Un poignard des Malabars, dans un étui peint d'un joli travail, & une arme formée de deux cornes accouplées ensemble, dont le haut est garni d'ivoire.

779 Un couteau turc à manche émaillé, d'un beau travail ancien ; sa gaîne, qui est de chagrin, est richement garnie en argent ciselé de relief : la lame est de Damas.

780

780 Un autre couteau à manche de
bois des Indes dans son étui garni
en cuivre ciselé & doré.

781 Une arme en forme de faux, &
une autre de bois de fer.

782 Le fer d'une pique ancienne richement travaillée , & cinq autres
piques.

783 Un carquois fait d'une dent d'éléphant, sculptée en relief, & colorée ;
la culasse est garnie en cuivre doré, les
bélieres sont d'argent : il est rempli
de fleches. Plus , un autre carquois.

784 Un bouclier de peau de rhinocéros
verni en noir, orné d'un croissant &
de quatre clous d'argent ; un casque
garni d'une queue d'éléphant.

785 Un autre bouclier , aussi de peau
de rhinocéros ; le dessus d'un bouclier d'un Nabad brodé en or & argent , sur du velours cramoisi , &
une boîte à poudre d'etoffe brodée
en or , ouvrage indien.

786 Une masse d'ivoire chinoise , &
deux casse-têtes.

787 Un casse-tête de bois de fer incrusté en ivoire, & une hache d'arme
de pierre de touche ; le manche est

D

de bois de fer fculpté : il repréfente un dragon à deux queues.

788 Deux frondes des Sauvages des iſles Malouines , un caſſe-tête, & une hache de pierre de touche de l'iſle de Taiti.

789 Deux haches, l'une en cuivre, ornée de roſettes & autres ornements de nacre de perle , l'autre en acier à manche de chagrin garni en argent.

790 Deux grandes boîtes à poudre de cornes d'animal des Indes , ornées haut & bas en ivoire fculpté, dont une eſt garnie de cercles d'argent.

791 Une petite boîte à poudre de corne de rhinocéros, fur laquelle eſt gravée un fanglier combattant un chien. Cet ouvrage eſt très fingulier.

792 Un trophée indien , compoſé d'un fabre à garde d'argent dans un fourreau de velours rouge , deux carquois brodés en argent doré , dont un rempli de fleches , un bonnet, des fouliers , & autres uſtenſiles.

793 Un habillement & armure de Sauvage , un hamac, deux paraſols chinois , des couteaux , & pluſieurs autres objets.

794 Une musette chinoise.

795 Un fusil à vent.

796 Un autre dont le canon est doré.

797 Un fusil à rouage sans canon.

798 Un autre fusil à rouage.

799 Un fusil en forme de canon.

800 Un fusil très ancien appellé canardier.

801 Un fusil tournant avec un seul canon & trois cartouches.

802 Une carabine très bien travaillée.

803 Une petite carabine ; le chien & les tenons de la baguette sont dorés.

804 Deux pistolets antiques très longs, la crosse est terminée par une tête d'animal dorée.

805 Deux autres à rouage, les crosses sont garnies de nacre de perle.

806 Deux jolis petits pistolets, dont les crosses représentent une tête d'oiseau, les yeux sont de rubis ; ils sont dans un étui de roussette.

807 Une arbalète à ressort.

808 Cinq petits canons de même forme, pour mettre sur un fusil tournant.

809 Un petit modele de canon, avec les provisions & armes des canonniers, sous une cloche de verre.

D ij

810 Six modeles de canons en fonte, d'un très habile ouvrier; les plus grands ont 14 pouces de longueur, ils sont tous montés sur leur affût, & munis de ce qui est à leur usage.

811 Deux petits canons de fonte.

812 Sept mortiers, des boulets, & deux compas de proportion.

813 Un modele de chariot couvert pour les munitions de l'artillerie; deux autres chariots qui servent à porter les pontons; le chariot à farine, celui de la forge du Maréchal, un autre chariot, une charrette, des barils à poudre & autres ustensiles.

Curiosités chinoises & indiennes.

814 Une théiere ronde, ayant un dragon sur le couvercle; elle est portée sur un pied quarré qui sert à contenir le feu, le tout d'argent ciselé, & orné en reliefs représentants des figures, des animaux & des ornements; ouvrage de la Chine très estimable par son ancienneté.

815 Deux autres théieres supportées par des pieds ronds aussi d'argent,

avec ornements & bouquets d'émail dans le goût de la précédente.

816 Une théiere d'argent ornée de panneaux à fleurs & oiseaux en relief, d'un joli travail indien, en partie doré.

817 Un autre de même travail, & de forme différente, ayant six panneaux très ornés en relief, & dorés en partie.

818 Deux théieres d'argent, ornées d'émaux en reliefs en forme de fleurs, sur chacune neuf petites divinités chinoises de ronde-bosse. Ces deux morceaux sont très curieux & fort rares.

819 Deux vases d'argent de la Chine, composés chacun d'une espece d'oiseau posé sur une tortue, une pagode sert de couvercle. Ces deux pieces sont d'un travail singulier.

820 Un vase à godrons, d'argent : sur son dessus est un animal de terre brune, une partie de son pied est de même matiere.

821 Un vase d'une forme très singuliere, & dont le travail paroît indien ; il est d'argent.

D iij

822 Un morceau d'agrément connu sous le nom de bonnet chinois, & deux aigrettes; le tout d'argent travaillé en filigramme, & une bague chinoise de vermeil.

823 Une corbeille d'argent travaillée en filigramme; le travail en est très agréable, sa forme est ovale, elle porte 11 pouces sur 10 pouces.

824 Un collier chinois composé de quatre-vingt-quinze grains d'argent, percés à jour & d'un travail riche.

825 Trois paquets de grains d'or qui servent de colliers; cet ouvrage est singulier par sa légéreté.

826 Une boîte chinoise avec une tête émaillée sur son dessus, & incrustée en or.

827 Un galian ou pipe persane en argent, servant à fumer le tabac & l'aloès.

828 Deux vases ornés de différents agréments en argent, d'un travail indien.

829 Deux nacres de perle sur lesquelles on a gravé plusieurs caracteres chinois, montées en métail des Indes.

830 Deux autres morceaux pareils aux précédents.

831 Deux autres *idem.*

832 Deux pareils morceaux.

Bronzes.

833 Une divinité indienne en bronze.

834 Une cassolette en forme de fruit, sur son plateau de bronze de la Chine.

835 Un heurtoir chinois , orné de sculpture en relief.

836 Une balance chinoise dans son étui de bois des Indes.

837 Une jatte & son plateau enrichi d'ornements, en métal ou cuivre des Indes.

Jades.

838 Une plaque de jade de 10 pouces de haut sur 3 pouces 9 lignes , sur laquelle sont gravés des caracteres chinois.

839 Une tasse entourée de branchages & de fleurs , travaillés à jour , en jade verd.

840 Une autre petite tasse de pareil jade.

D iv

841 Une tasse de jade d'une couleur différente du précédent, avec branchages en ronde-bosse qui servent d'anse.

842 Une autre tasse de jade, avec des fleurs & des branchages qui servent aussi à former l'anse.

843 Une tasse à deux anses de jade.

844 Deux autres tasses de même matiere, plus grandes que la précédente.

845 Une tasse à deux anses de jade.

846 Une autre tasse.

847 Quatre petites tasses de jade de différentes forme & grandeur.

848 Une théiere de jade.

849 Une tête de cheval travaillée en jade.

850 Un manche de couteau de jade, incrusté en mosaïque, & rosette d'argent.

851 Un couteau damasquiné ; son manche est de jade à virole d'argent, la gaîne est garnie d'argent doré.

852 Trois plaques de jade ciselées, représentant différents animaux ; ce travail est précieux par la difficulté qu'il a fallu vaincre.

853 Une bouteille d'ancien laque, couleur d'aventurine.

854 Deux jolis petits oiseaux à long bec de laque ancien.

855 Une gourde ou calebasse verni à la Chine, & garnie en argent.

856 Une maison ou temple chinois en laque: hauteur 13 pouces, largeur 14, profondeur 9.

857 La tour de Nanquin, faite de nacre de perle, ornée d'agréments dorés & d'un travail délicat; elle porte 26 pouces de hauteur, y compris sa base, sous une cage de verre.

858 La pareille tour de même hauteur que la précédente, & aussi dans une cage de verre.

859 Deux figures de femmes chinoises en ivoire, chacune de 6 pouces de haut.

860 Une figure grotesque de vieillard Chinois qui tient une gourde, en pierre de lare.

861 Trois pagodes de pierre de lare.

862 Un vase à deux anses très ornées de fleurs & de feuillages en pierre de lare.

863 Autre *idem* en forme de théiere.

864 Une assiette ornée de broderie en

relief de pierre de lare, & un plat
à six pans de serpentine.

865 Une pierre d'aimant montée sur
son chevalet.

866 Autre pierre d'aimant garnie de
cuivre, avec son poids.

867 Un panier indien, garni de co-
quillages.

868 Deux morceaux de pierre de touche.

869 Deux grands vases à six pans & à
panneaux ornés de fleurs & oiseaux
colorés, de porcelaine des Indes.

870 Un grand vase du Japon, fond
blanc à figures & animaux colorés.

871 Une cassolette de forme quarrée
& travaillée à jour, de porcelaine du
Japon, garnie en bronze.

872 Deux petites bouteilles à long
goulot de porcelaine d'ancien bleu à
broderie, garnies de bronze. Cet
article est intéressant.

873 Une tabatiere de porcelaine des
Indes, représentant un magot; elle
est montée en argent.

874 Deux jolies petites théieres de
terre des Indes.

875 Une grande thtiere en forme de
fruit, de pareille terre des Indes;

elle eſt ornéede plantes & de fleurs
de relief.

876 Une autre théiere ayant ſur ſon
couvercle une eſpece de lion accrou-
pi , en ronde-boſſe , de terre griſe.

877 Pluſieurs taſſes de différentes grandeurs , de bois ſculpté , d'autres de
jonc , doublées de métal des Indes.

Effets curieux.

878 Un très joli modele de vaiſſeau
de guerre , long de 6 pouces , ſous
une caſe de verre.

879 Un autre vaiſſeau beaucoup plus
grand.

880 Une jolie galere , garnie de ſes
rames ; ſa longueur eſt de 7 pouces
6 lignes , dans une caſe de verre.

881 Une boîte de laque , renfermant
toute la mâture , poulies & cordages
d'un vaiſſeau.

882 Deux taſſes & leurs ſoucoupes
d'agate orientale.

883 Une grande taſſe d'agate orientale.

884 Une grande taſſe d'agate orientale
de forme ovale.

885 Une coupe de ſardoine poſée ſur

un trépied orné de têtes de belier, guirlandes, & autres ornements de bronze doré.

886 Une autre coupe de même matiere, différente pour la forme (elle est fêlée), sur un pareil trépied.

887 Une petite tasse d'agate orientale, & deux autres d'Allemagne.

888 Un très grand gobelet de crystal de roche, garni en vermeil ; sa hauteur est de 6 pouces 6 lignes.

889 Une petite boîte de même crystal, garnie en vermeil.

890 Un microscope double d'une nouvelle construction, auquel on a ajouté plusieurs inventions très utiles, par *Jean Cuff*, Anglois.

891 Un prisme de crystal de 18 pouces 6 lignes.

892 Quatre autres prismes, dont un garni en cuivre.

893 Un œil artificiel de Nuremberg, monté sur un pied d'ivoire.

894 Un arc-en-ciel, renfermé dans une boîte de laque.

895 Une petite tête de ronde-bosse, représentant un vieillard ayant un bonnet orné de turquoises.

896 Un grouppe de trois chiens qui

attaquent un loup, terre colorée &
de ronde - bosse ; ce morceau est
fait avec beaucoup d'art.

897 Deux chiennes en pendants, chacune a un petit chien sur le dos, ouvrage de terre des Indes.

898 Deux enfants avec des animaux
en plâtre ; ils font pendants.

899 Deux autres enfants.

900 Trois vases de plâtre, imitant le
porphyre, enrichis d'ornements dorés.

901 Quarante dames de trictrac, sur
lesquelles font gravés différents su-
jets ; ce travail est singulier, en ce
qu'il est fait au tour.

902 Un vase de serpentine en forme
de burette, garni en vermeil.

903 Différentes fleurs dans une case de
verre.

904 Des bouquets de fleurs faits de co-
quillages, dans des cases de verre.

905 Un bouquet d'ailes de mouches
cantharides, dans une case de verre.

906 Deux tableaux peints à gouache,
par *Agricola* ; chacun représente un
oiseau perché sur un arbre, sous
verre & bordure dorée : hauteur 11
pouces 6 lignes, largeur 8 pouces.

907 Quatre autres gouaches qui nous
paroiſſent avoir été faites à la Chine;
elles repréſentent auſſi des oiſeaux
ſur un arbre.

908 Un papillon peint ſur vélin par
Madame *Vien*, ſous verre & bordure dorée.

909 Les deux valves d'un manteau ducal, l'une vue par deſſus & l'autre
par dedans, auſſi par Madame *Vien*.

910 Des jolies coralloïdes ſous deux
verres & bordures.

911 Deux caſſolettes en porcelaine
gros bleu, garnies de cercle pomme
de pin, & montées ſur des trépieds
de bronzes dorés.

912 Cinq taſſes à anſes, quatre ſoucoupes, & un ſucrier de porcelaine
de Saxe.

913 Une taſſe & ſa ſoucoupe, ornées
de ſujets colorés, en porcelaine de
Saxe.

F I N.

Lu & approuvé le 14 Mai 1773,
MARIN.

Vu l'approbation, permis d'imprimer, ce
15 Juin 1773, DE SARTINE.

GALERIE DE M. ***.

FEUILLE indicative des Articles qui feront vendus depuis le Jeudi 3 Juin 1773, jufques & compris le Mardi 15 du même Mois.

Le Jeudi 3 Juin.

Nos. 17, 28, 54, 56 *bis*, 59, 81, 88, 118, 119, 137, 138, 143, 209, 210, 238, 239, 241, 242, 243, 244, 266, 267, 268, 269, partie de 279, 280, 283, 296, 306, 312, 323, 360, 361, 362, 372, 392, 401, 403, 413, partie de 425, 434, 453 & 454, 455, 465, 474, 485, 495, 505, 515, 525.

Le Vendredi 4.

Nos. 18, 30, 52, 53, 55, 60, 80, 87, 102, 103, 104, 120, 121, 139, 144, 211, 212, 235, 236, 236 *bis*, 237, 247, 248, 270, 271, 272, 273, 281, 284, 297, 307, 313, 324, 341, 359, 363, 373, 390, 402, 404, 414, partie de 425, 435, 451, 456, 466, 475, 486, 496, 506, 516, 526.

A

Le Samedi 5.

N°s. 16, 25, 51, 61, 77, 79, 86,
116, 117, 145, 213, 214, 231, 232,
233, 234, 249, 250, 263, 264, 274,
275, 276, 277, 278, restant de 279,
282, 285, 298, 305, 308, 314, 325,
358, 364, 374, 391, 400, 405, 415,
423, 433, 436, 452, 457, 467, 476,
487, 497, 507, 517, 527.

Le Lundi 7.

N°s. 1, 19, 26, 33, 50, 58, 76, 78,
85, 99, 100, 101, 115, 122, 146,
182, 183, 215, 216, 228, 229, 230,
251, 252, 253, 254, 261, 262, 286,
299, 303, 315, 326, 344, 355, 357,
365, 375, 388, 399, 406, 416, 424,
432, 437, 450, 458, 468, 477, 488,
498, 508, 518, 528.

Le Mardi 8.

N°s. 2, 21, 32, 44, 49, 57, 67,
75, 84, 94, 95, 114, 123, 127, 128,
129, 130, 147, 187, 188, 190, 191,
192, 194, 217, 218, 240, 245, 255,
256, 287, 300, 304, 316, 327, 337,
353, 354, 366, 376, 389, 398, 407,
417, 431, 438, 449, 459, 469, 478,
489, 499, 509, 519, 529.

Le Mercredi 9.

Nᵒˢ 6, 22, 23, 24, 34, 43, 45, 48 *bis*,
66, 68, 74, 83, 93, 96, 113, 124,
131, 132, 141, 148, 181, 184, 185,
219, 220, 246, 257, 258, 288, 301,
317, 328, 338, 351, 352, 367, 377,
387, 397, 408, 418, 430, 439, 448,
460, 470, 479, 490, 500, 510, 520,
530.

Le Vendredi 11.

Nᵒˢ. 5, 7, 13, 15, 20, 37, 38, 41,
42, 48, 64, 65, 73, 82, 97, 98,
107, 112, 133, 134, 136, 141, 148
bis, 186, 189, 193, 221, 222, 259,
260, 289, 302, 318, 329, 333, 339,
347, 348, 368, 386, 396, 409, 419,
429, 440, 447, 461, 471, 480, 491,
501, 511, 521, 531.

Le Samedi 12.

Nᵒˢ. 3, 11, 12, 14, 36, 47, 72,
89, 111, 150, 151, 155, 156, 158,
159, 160, 162, 174, 175, 178, 179,
195, 196, 201, 202, 223, 224, 265,
290, 292, 309, 319, 330, 334, 340,
345, 349, 369, 385, 395, 410, 420,
426, 441, 445, 462, 472, 481, 492,
502, 512, 522, 532, 537.

Le Lundi 14.

Nᵒˢ. 4, 10, 29, 35, 39, 70, 71,
90, 105, 108, 109, 126, 149, 152,
153, 157, 161, 163, 165, 166, 167,
168, 169, 203, 204, 207, 208, 225,
226, 291, 293, 310, 320, 331, 336,
346, 356, 370, 384, 394, 411, 421,
427, 442, 446, 463, 473, 482, 493,
503, 513, 523, 533, 535.

Le Mardi 15.

Nᵒˢ. 9, 8, 31, 27, 30 *bis*, 40, 46,
56, 62, 63, 69, 91, 92, 106, 110,
125, 135, 140, 164, 170, 171, 172,
173, 176, 177, 197, 198, 199, 200,
205, 206, 227, 294, 311, 321, 322,
332, 371, 383, 393, 412, 422, 428,
443, 444, 464, 483, 484, 494, 504,
514, 524, 534, 536.

F I N.